ADIEU MON ARGENT!

OU

LES RENTIERS AUX ABOIS.

STRASBOURG, de l'imprimerie de Mad. Ve SILBERMANN.

ADIEU MON ARGENT!

OU

LES RENTIERS AUX ABOIS.

TABLEAUX DE MŒURS.

PAR UN MOUTON.

> Rendez-moi mon écuelle
> de bois;
> Rendez-moi mon écuelle.

STRASBOURG,

CHEZ LES PRINCIPAUX LIBRAIRES.

1826.

SCÈNE PREMIÈRE.

La scène est à Augsbourg, près de l'hôtel des Diligences.

M. CRÉDULE, M. PLAISANT (*en habit de voyage*).

M. PLAISANT.

Eh! bon jour, mon ami Crédule! comment te portes-tu? Voilà un siècle que je ne t'ai vu. Tu vas m'apprendre les nouvelles du jour; car, comme tu le vois, j'arrive à l'instant. Eh, mais.... qu'as-tu donc? Je te trouve l'air pensif, agité soucieux! te serait-il arrivé quelque malheur?

M. CRÉDULE.

Pas tout-à-fait; mais je suis préoccupé.... (*se parlant à lui-même*) 60 pour cent en quatre années, et 10 pour cent d'éventuel, le tout sans intérêts!! Au reste, c'est une crainte chimérique; on ne perdra rien.... Tous mes co-créanciers me l'ont assuré..., à l'exception de quelques-uns cependant; mais ce sont des trembleurs: car enfin l'actif est là; 200,000 francs d'excédant!

M. PLAISANT.

Que veux-tu dire avec tes calculs, tes co-créanciers, ton actif? Explique-toi.

M. CRÉDULE.

Tu te rappelles, mon cher Plaisant, ces trente bonnes mille livres dont j'étais, à force d'économie, parvenu à garnir ma cassette ?

M. PLAISANT.

Dans l'emploi que tu as récemment exercé dans les vivres?

M. CRÉDULE.

Précisément. Eh bien je les ai placées chez mon banquier, Monsieur Bilan.

M. PLAISANT.

Et Monsieur Bilan t'en paye de fort bons intérêts ?

M. CRÉDULE.

Non pas! mais provisoirement, et jusqu'à ce que la crise soit passée, il les a converties en 18,000 livres payables en quatre années, plus 3,000 livres en perspective et vulgairement appelées éventuelles.

M. PLAISANT.

Et qui seront payées s'il plaît à Dieu et à Bilan ton banquier! Le malheureux a donc fait faillite?

M. CRÉDULE.

Chut!... ne t'avise pas te tenir des propos de ce genre... tu pourrais t'attirer une méchante affaire. Bilan a trop de probité pour faillir... il a simplement suspendu ses paiemens.

M. PLAISANT.

Et quand les reprend-il ?

M. CRÉDULE.

C'est ce qu'on ne sait pas encore bien positivement; il paraît même qu'il ne les reprendra pas entièrement... Toujours avons-nous été fort heureux de tomber entre ses mains; l'honnête homme! Avec tout autre nous étions ruinés.

M. PLAISANT.

Honnête homme tant que tu voudras; mais grâces à ses mauvaises affaires....

M. CRÉDULE.

Ses mauvaises affaires! Il n'en a point faites!

M. PLAISANT.

Eh qu'a-t-il donc fait?

M. CRÉDULE.

Des affaires d'or. Ecoute: tu l'as vu, comme moi, petit commis, n'ayant pas deux pouces de terre au soleil. Eh bien aujourd'hui, toutes dettes payées, il lui reste un excédant d'actif qui s'élève à 200,000 francs.

M. PLAISANT.

Eh pourquoi donc a-t-il suspendu ses payemens?

M. CRÉDULE.

Ah! mon ami, ce serait trop long à te raconter; de faux bruits, la calomnie, des lettres anonymes.... Que sais-je, moi. Bref, les méchans lui ont fait tant de mal qu'il ne peut plus payer ses créanciers.

M. PLAISANT.

Excellente raison! Mais, dis-moi, mon pauvre Crédule, tes 60 pour cent te sont-ils assurés, garantis?

M. CRÉDULE.

A quoi bon avec Bilan? D'ailleurs, n'avons-nous pas les commissaires?

M. PLAISANT.

Commissaires à la faillite?

M. CRÉDULE.

Eh non! Commissaires à la suspension de payemens.

M. PLAISANT

Ah! l'ingénieuse invention!

M. CRÉDULE.

Je crois, Dieu me pardonne, que tu te permets d'en rire.... Point de raillerie sur ce sujet-là, je te prie, car, tel que tu me vois, je suis commissaire aussi, moi.

M. PLAISANT.

Toi, mon pauvre Crédule! Eh bien, veuilles m'apprendre en quoi consistent tes fonctions.

M. CRÉDULE.

Figures-toi, mon ami, une assemblée bien nombreuse, bien bruyante, quelques centaines de créanciers inquiets, sombres, mécontens; eh bien! quand on est commissaire on se promène au milieu de tout cela; on tourne à gauche, on tourne à droite; et comme il faut d'abord chercher à calmer les esprits, car les gens irrités ne font jamais que gâter les meilleures affaires, on prend un air rassurant, on déploie un front serein; on dit à l'un: je vous garantis 60 pour cent; à l'autre, votre éventuel est de l'or en barre; à celui-ci: il faudra signer, ou bien craignez le fisc; à celui-là, consolez-vous, mon ami, réduit à 60, c'est comme si vous aviez suivi les conseils du grand génie des finances, comme si vous aviez acheté du 3 pour cent. — Tu sens combien il est flatteur de dominer ainsi dans une assemblée; on est fêté, caressé par tout le monde. Du plus loin qu'un de ces malheureux créanciers vous aperçoit dans la rue, il vous sourit d'une façon agréable, il vous aborde chapeau bas, il vous demande d'une voix soumise où en sont les choses, s'il y a quelques rentrées. — Mais tout n'est pas de roses dans cet office; ce sont des soins, des soucis, des travaux à user un tempérament de fer. Je suis chargé de dresser l'état des immeubles ; j'ai passé hier toute la journée à constater leur situation, leur valeur...

M. PLAISANT.

Sur le papier ?

M. CRÉDULE.

Eh non, sur les lieux mêmes.

M. PLAISANT.

Ah je conçois, tu roulais carosse... sur la masse.

M. CRÉDULE.

Nous crois-tu gens à compromettre les intérêts de nos commettans par de pareils frais ? J'étais à pied ; j'ai fait au moins six lieues.

M. PLAISANT.

Ah, mon bon ami, que je te plains ! gros et court comme tu l'es, tu dois être éreinté, toi que je n'ai jamais pu décider à faire une promenade d'un quart de lieue. Eh dis-moi comment as-tu donc osé te charger d'une commission pareille, toi qui n'as jamais possédé qu'un petit jardin grand comme la main et qui as été dupé et en l'achetant et en le revendant.

M. CRÉDULE.

Oh ! oui, mais maintenant je suis homme à en remontrer aux plus fins ; j'ai lu de fort bons livres depuis quelques tems, et puis rien n'est aussi instructif que la pratique : depuis quinze jours j'ai usé trois paires de bottes à courir dans les terres labourées que j'ai fait ensemencer suivant leurs qualités, car tu conçois combien il est important de soigner la récolte pour la masse.

M. PLAISANT.

Diable ! quel commissaire expert et diligent !

M. CRÉDULE.

Aujourd'hui je vais continuer de constater l'état des liquides; mon collègue Bonneau en était chargé.

M. PLAISANT.

A la bonne heure, celui-là s'y connait.

M. CRÉDULE.

Oui, mais ces maudites caves sont malsaines; il y a passé plusieurs journées en opérations et l'humidité l'a saisi, il ne peut plus se tenir sur ses jambes; dans la délibération de ce matin j'ai été chargé de le remplacer; je me mettrai aujourd'hui à l'ouvrage.

M. PLAISANT.

Parbleu! il faudra que je t'accompagne : Bilan a toujours eu ses caves bien garnies. Mais, dis-moi, ce commissariat doit-il durer long-temps?

M. CRÉDULE.

Qui sait! six mois, un an, peut-être.

M. PLAISANT.

Ah ça, vous devez avoir de fort bons appointemens, Messieurs les commissaires? Que te rapportent ces laborieuses fonctions?

M. CRÉDULE.

Ce qu'elles me rapportent? Et comptes-tu pour rien l'honneur d'être le chargé de confiance des maisons les plus honorables de la cité, d'être le mandataire de leurs plus chers intérêts; la fortune entière de plusieurs d'entre elles se trouve compromise; mais j'espère que, grâces à nos soins, à notre activité, elles ne perdront rien. Puis songes-tu à la haute idée qu'il faut que l'on ait de notre pénétration, de nos connaissances, de nos lumières, pour nous charger d'une pareille mission ! Oh ! cela donne un très-grand relief dans le monde !

M. PLAISANT.

Fort bien. Allons, je conçois qu'on t'a donné là un fort joli emploi pour tes trente mille livres. — Mais qui t'a donc si bien endoctriné ? Moi je gagerais que votre argent est bien aventuré.

M. CRÉDULE.

On dirait vraiment, à t'entendre, que je ne suis pas homme à voir les choses par moi-même ! Vas, tu partagerais ma manière de voir si tu avais été de la première assemblée, si tu avais entendu Monsieur Parole, le conseiller de Bilan.

M. PLAISANT.

Oui, j'ai lieu de croire qu'il s'entend fort bien à diriger ces sortes d'affaires.

M. CRÉDULE.

Certainement ; c'est un homme fort entendu, et surtout bien éloquent. Il fallait l'entendre comme il exposait la situation et les malheurs de Bilan ; pour ma part, j'ai pleuré comme un enfant ; il y avait même des créanciers qui riaient de satisfaction. Enfin, il nous a tellement rassurés sur notre position, que pendant qu'il parlait nous roulions sur de l'or. En vérité, Bilan lui doit des actions de grâce, car il n'a rien omis, il a touché toutes les cordes, frappé à toutes les portes, et je crois qu'il parlerait encore à l'heure qu'il est, si un créancier mal élevé, brutal, ne l'avait interrompu.

M. PLAISANT.

Puisse Monsieur Parole te donner autant d'argent que de phrases. Mais, en vérité, j'admire ta philosophie ; tu as pris ton parti le mieux du monde ; malheureusement, il est peu de personnes aussi bien organisées, et je crains bien que d'ici à quelques jours nous ne voyons encore plus d'un rentier à l'œil hagard, au visage alongé... Gâre aux collègues de M. Bilan! D'autres sauteront après lui, ce sera comme les moutons de Panurge : cette maladie-là se gagne.

M. CRÉDULE.

Tu me fais trembler, mon ami; aurais-tu quelques données à cet égard?

M. PLAISANT.

Ah! Monsieur Crédule, vous voulez me sonder, je crois; vous lorgnez un nouvel emploi de commissaire, vous voulez cumuler, petit ambitieux! Eh bien allez trouver le voisin, Monsieur Faillard, il pourra vous tailler de la besogne.

M. CRÉDULE.

Bon! il nous a donné hier un dîner splendide.

M. PLAISANT.

Raison de plus... Je sais de source certaine qu'il a déjà perdu l'équilibre : Comment diable! il faut que je vienne ici pour te l'apprendre?

M. CRÉDULE.

Pas de mauvaises plaisanteries, s'il te plaît, car elles m'épouvantent : sais-tu bien que j'ai 10,000 livres chez lui. Il n'y a pas huit jours que je les lui donnai sur sa demande.

M. PLAISANT.

En route, mon ami, en route; retire tes fonds : il n'y a pas un seul instant à perdre.

M. CRÉDULE.

J'y cours, mon ami, j'y cours?

M. PLAISANT.

Et vîte, vîte! Ecoute, tu viendras me retrouver au café voisin, je t'y attends; je suis fort curieux de savoir le résultat de ta visite.

SCÈNE DEUXIÈME.

La scène est dans un Café.

M. PLAISANT; M. CRÉDULE (*arrivant d'un air satisfait*).

M. PLAISANT.

Eh bien! mon ami, quelles nouvelles? Où en sont tes affaires?

M. CRÉDULE.

Tu m'avais fait une belle peur, ma foi! mais, grâce à Dieu, je suis maintenant sans crainte.

M. PLAISANT.

Tu es donc parvenu à retirer ton argent?

M. CRÉDULE.

Mais non!

M. PLAISANT.

Tu t'es fais remettre, sans doute, quelques bonnes lettres de change?

M. CRÉDULE.

Encore moins!

M. PLAISANT.

Ah! j'entends, on t'aura donné des garanties, une caution, peut-être?

M. CRÉDULE.

Y penses-tu! Aurais-je voulu y consentir après l'entretien que j'ai eu avec ce brave et digne homme!

M. PLAISANT.

Explique-toi, de grâce.

M. CRÉDULE.

Mon Dieu, rien de plus simple. Ecoute! je m'en vais tout te conter dans le plus grand détail, afin de te montrer combien le monde est méchant et comme la peur m'avait rendu injuste envers ce pauvre Faillard. En te quittant, je cours chez lui, on m'introduit aussitôt dans son cabinet; je croyais trouver un homme au regard effaré, au visage abattu, je le voyais déjà, pâlissant à mon aspect (et mon cœur en saignait pour lui), me faire, d'une voix tremblante, l'aveu de son infortune......

M. PLAISANT.

Ou plutôt de la tienne.

M. CRÉDULE.

Mais, ô surprise! il s'avance joyeusement à ma rencontre et m'accueille à bras ouverts. Pour moi, j'étais tellement étourdi par les sinistres idées dont tu avais rempli mon cerveau, que je lui réponds à peine. Heureusement il ne s'aperçoit pas de mon trouble; il me force à prendre place sur son sopha, et s'informe avec sollicitude de la santé de ma femme et de mes enfans qui, tu le sais, lui ont toujours été si chers! Cependant, vois jusqu'où va la prévention! je le regarde d'un air inquiet, sans l'écouter, et tandis qu'il me parle et m'interroge, je mets mon esprit à la torture, pour inventer une histoire qui m'amène à lui demander honnêtement mes fonds. Tout à coup il s'interrompt et prend un visage sombre, et moi de pâlir; je crois entendre déjà le fatal aveu; la parole expire sur mes lèvres..... Mon ami, me dit-il, vous voyez un homme bien malheureux; après une longue carrière d'estime méritée, après avoir toujours rempli mes engagemens avec le plus délicat scrupule, je me vois menacé dans mon honneur..... poursuivi par la plus atroce calomnie! Il m'est revenu qu'on répandait le bruit que j'étais sur le point de faire faillite! que j'allais compromettre l'avenir, préparer la misère de cent familles dont j'ai la fortune entre les mains; que, trahissant l'honneur d'une vieille amitié, j'aurais récemment emprunté de l'argent à mes meilleurs amis (comme à vous, par exemple). pour le vain plaisir de retarder ma chûte. — Son geste était animé, son œil étincelant, et tout son visage respirait la plus noble indignation. Rougissant déjà de mes injustes soupçons, je cherchais à calmer sa colère, à lui montrer le peu d'estime qu'il devait faire des vagues et méchans propos qu'on tenait sur lui. Non, non, m'a-t-il répondu, je connais la main perfide d'où le trait est parti. C'est un infâme confrère, qui a toujours été jaloux de mon crédit; il voudrait profiter de l'inquiétude qui règne sur la place, pour me jeter dans l'embarras, me déshonorer impunément : c'en est trop; dès demain je le poursuis devant les tribunaux. Mais voyez, mon cher, combien sont odieuses les insinuations qu'on dirige contre moi! et aussitôt il me fit apporter tous ses livres pour que j'en prisse connaissance. Je voulus m'en défendre, mais il me força à tout examiner par mes propres yeux. Le croirais-tu bien, mon cher, il est de six millions au-dessus de ses affaires. Ce n'est point assez, a-t-il alors poursuivi, si vous avez encore quelque crainte, faites-moi le plaisir de retirer vos 10,000 livres. Je me recriai contre cette proposition, comme tu peux bien penser; c'était me faire injure. Il insista; je persistai dans mon refus; il s'emporta; je me mis à mon tour en colère. Bref, pour lui prouver combien j'avais de confiance en lui, je jetai sur son bureau une dixaine de billets de banque que j'avais sur moi. Oh! alors, si tu avais vu comme il prit un front sévère; on aurait dit que je lui tendais un piège pour éprouver sa bonne foi. Enfin, après force instances, il consentit à les mettre dans son portefeuille. Tu vois maintenant combien tes craintes étaient mal fondées.

M. PLAISANT.

Plaise à Dieu qu'il en soit ainsi ! Mais je suis persuadé que tu as fait une bévue ; la personne dont je tiens la nouvelle que je t'ai donnée est digne de foi ; et, à ta place, je me hâterais d'aller au moins retirer mes billets de banque.

M. CRÉDULE.

Oh ! mon ami, me crois-tu capable d'une pareille indélicatesse ? Je ne te conçois pas, tu vois tout en noir ; c'est sans doute le séjour de la campagne qui te donne des idées aussi sèches. Tiens, il faut que tu m'accompagnes à une assemblée de créanciers que nous avons ce soir dans une maison des faubourgs.

M. PLAISANT.

Comment ! tu serais encore compromis dans une autre.... suspension de payemens, comme tu l'appelles ?

M. CRÉDULE.

Pas personnellement ; je suis simplement chargé de procuration. Tu vois ce que c'est que d'avoir été nommé commissaire dans l'affaire de Bilan ; cela m'a de suite environné de beaucoup de considération ; je suis assiégé de personnes qui veulent me charger du soin de leurs intérêts. Ainsi donc, à ce soir à six heures ; viens chez moi, nous nous rendrons ensemble à la réunion ; c'est une affaire excellente, je te la conterai tout au long. Tu entendras le rapport des commissaires, les propositions qu'ils feront aux créanciers, et alors tu seras obligé de revenir de la fausse idée que tu t'es faite de ces choses-là. Rien n'est pourtant plus simple : l'argent est rare sur la place ; chacun veut retirer ses fonds en même tems, comme si un banquier pouvait toujours avoir dans sa caisse l'argent qu'il a reçu pour le mettre en circulation. Mais ce n'est que la crise d'un instant ; qu'on laisse le temps d'effectuer les rentrées, et tout sera bientôt rétabli... Au revoir.

SCÈNE TROISIÈME.

La scène est dans la cour de l'Hôtel des Diligences.

M. CREDULE. M. PLAISANT (*se tenant tous deux par le bras.*) *M. Plaisant, en habit de voyage, suivi d'un domestique qui porte sa malle.*

M. CRÉDULE (agitant une lettre).

Ce misérable Faillard! Abuser ainsi de ma confiance!

M. PLAISANT (prenant la lettre et lisant).

Ouais! c'est bien là le style officiel: « Monsieur, des » circonstances malheureuses et imprévues m'empêchent de » continuer à faire honneur à mes engagemens, et me met- » tent dans la triste nécessité d'inviter mes créanciers à se » partager ma fortune au prorata de leurs droits. » (en fermant la lettre) Au prorata de leurs droits....! voyez la belle perspective! Je t'en avais pourtant averti; mais tu as toujours été un petit entêté. Comment diable, après ce que je venais de te dire, as-tu encore pu aller te refourrer dans la gueule du loup?

M. CRÉDULE.

Ce n'est pas que j'aie la moindre crainte, vois-tu; mais ce sont les procédés qui m'offensent: en agir ainsi avec un vieil ami de vingt ans!

M. PLAISANT (d'un ton dramatique, en agitant son parapluie).

Noble amitié, doux présent des Dieux, on ne saurait payer trop cher tes bienfaits!

M. CRÉDULE.

Et ce superbe repas qu'il nous donne à la veille de manquer!

M. PLAISANT.

Système des compensations! D'ailleurs, c'était très-prudent à lui, on ne trouve jamais les gens aussi traitables qu'après leur avoir procuré les voluptés d'une bonne digestion! Allons, consoles-toi, mon vieux camarade, la débacle ne sera peut-être pas complète ; on parviendra, sans doute, à sauver quelque chose.

M. CRÉDULE.

Mais, je te le répète, ce ne sont que les mauvais procédés qui m'affligent dans tout cela, car je ne suis pas du tout inquiet sur le sort de mon argent ; il me rentrera que de reste. J'ai vu son premier commis ; comme je te l'avais dit, son actif....

M. PLAISANT.

Son actif! Tu veux dire son douteux.

M. CRÉDULE.

Et puis, le père de feu Madame Faillard n'est-il pas là? Les affaires qu'il a faites dans les colonies l'ont immensément enrichi, il peut battre monnaie sur la place quand il voudra! Les enfans de Faillard sont les siens ; il ne peut pas abandonner sa famille dans une détresse déshonorante.

M. PLAISANT.

Oui! mais le vieux bon homme est bon père ; il fera l'arabe par excès de tendresse, et les petits Faillard se féliciteront un jour de la prudence de ses refus!

M. CRÉDULE.

Eh! laisse donc, tu es un alarmiste! Et puis au fond, c'est peut-être à tort que je m'emporte contre Faillard. Qui m'assure que ce pauvre homme avait de mauvaises intentions en acceptant mon argent ; car, remarque bien, que c'est moi qui l'ai forcé à le prendre... hier, du moins.

D'ailleurs, ne faut-il pas être de la meilleure foi du monde pour nous abandonner toute sa fortune; entends-tu bien, toute sa fortune!

M. PLAISANT.

Oui, au prorata des droits de chacun.

M. CRÉDULE.

C'est naturel; c'est-à-dire que toutes dettes payées, il entend se réserver le surplus de ses biens.

M. PLAISANT.

Oh! je comprends fort bien.... Tout cela finira comme cette assemblée où tu me menas hier soir: à t'entendre c'était une affaire si brillante, qu'on aurait cru que chacun des créanciers devait y gagner, et les commissaires eux-mêmes ont fini par déclarer que l'on pouvait espérer 15 ½ pour cent.

M. CRÉDULE.

Ce sont des ignorans! Ils ne comprennent rien aux fonctions de commissaire. Et puis, quelle imprudence à eux de présenter les choses sous un aspect aussi déplorable... sans précautions oratoires. Oh! s'ils avaient voulu employer le ministère de M. Parole, l'affaire se serait présentée sous un meilleur jour. On aurait évité ces scènes scandaleuses dont nous avons été témoins. Je crois encore voir frémir cette foule d'artisans et de vieux militaires, lorsqu'on leur a brusquement annoncé que le fruit de leurs longues sueurs, de leur sang, avait tout à coup disparu. Te souviens-tu encore de ce vieillard à cheveux blancs qui avait déposé là les dots de ses trois filles, elles étaient sur le point de se marier.... Maintenant, hymen, bonheur, tout est perdu. Il ne se plaignait pas, il gardait le silence, cependant deux grosses larmes s'échappaient péniblement le long de ses joues ridées.

M. PLAISANT.

Mais celui qui était assis près de lui, cet homme à la mine fraîche, aux lèvres pincées, aux besicles en or, gesticulait et vociférait pour deux.

M. CRÉDULE.

Parbleu! sais-tu bien qu'il se trouve compromis pour 30,000 livres.

M. PLAISANT.

Le pauvre homme! c'est une parcelle de son superflu.

M. CRÉDULE.

Oh! si j'avais fait partie du commissariat dans cette affaire, tout cela se serait passé bien plus tranquillement. D'abord j'eusse chassé de l'assemblée tous ces ouvriers et ces domestiques, qui s'y trouvaient tout-à-fait déplacés; et puis, ces petits créanciers-là ne connaissent rien aux affaires et font un bruit infernal.

M. PLAISANT.

Eh! mon ami; il fallait payer le petit peuple et il se serait tenu coi.

M. CRÉDULE.

As-tu remarqué dans l'assemblée cet invalide en haillons qui étalait sa jambe de bois? Si j'eusse été commissaire, je n'aurais jamais souffert cet homme-là dans une réunion de créanciers; c'était fort maladroit, j'ai vu que cela excitait de la pitié; il suffit d'une jambe comme celle-là pour faire manquer un contrat d'union.

M. PLAISANT.

Je gage que tu aurais été homme à le rembourser. Tiens, mon ami, quelques brillantes que paraissent toutes ces suspensions de payemens, si tu veux m'en croire, tu t'en viendras me rejoindre à la campagne, où j'ai hâte d'être de retour; et comme, grâce à ton commissariat, tu es maintenant versé dans les connaissances agronomiques, tu t'établiras dans mes environs et placeras ton argent dans de belles et bonnes terres : là, du moins, s'il y a des suspensions de payemens, elles ne sont pas aussi dangereuses qu'à la ville; le fonds reste toujours, et l'on ne craint pas aussi vîte de dire : Adieu mon argent!

A ces mots, M. Plaisant monta dans la diligence. On entendait encore la lourde machine rouler sur le pavé lointain, lorsqu'un commissionnaire s'approcha de M. Crédule et lui remit une lettre. M. Crédule se hâta de l'ouvrir.... Puis il hocha la tête, prit un front soucieux, frappa de sa canne sur le pavé, s'éloigna en ayant l'air de compter sur ses doigts, et au mouvement de ses lèvres, on aurait cru qu'il répétait ces mots : *Adieu mon argent!*

Pauvres moutons, ah! nous aurons beau faire,
Toujours on nous tondra, toujours on nous tondra!!

www.ingramcontent.com/pod-product-compliance
Ingram Content Group UK Ltd.
Pitfield, Milton Keynes, MK11 3LW, UK
UKHW020412250726
13967UKWH00006B/2598